Andreas Altmann · Von beiden Seiten der Tür

Andreas Altmann

Von beiden Seiten der Tür

Gedichte

Mit Fabelhäusern von Andreas Altmann,
fotografiert von Wolfgang Jaros

poetenladen

Erste Auflage 2023

ISBN 978-3-948305-17-8

Illustration und Umschlaggestaltung: Franziska Neubert
Druck: Pöge Druck, Leipzig
Printed in Germany

poetenladen, Blumenstraße 25, 04155 Leipzig, Germany
www.poetenladen-der-verlag.de
www.poetenladen.de
verlag@poetenladen.de

Für meinen Enkelsohn

»Die Worte wirbeln in meinem Kopf
und manche schaffen es bis zu meinem Mund,
und kommen raus.«
Kolja Willi Spitz, 4 Jahre

Gerichtsstraße 11

Es gibt unscheinbare Ereignisse, von denen man erst viel später weiß, dass sie einem Leben eine andere Richtung geben, dass sie eine Tür öffnen, durch die man geht und in einen fremden und vielleicht doch vertrauten Raum tritt. Am Ende meiner Schulzeit 1979 lud mich mein Kunsterziehungslehrer Karl Fischer in sein Atelier ein, das er gemeinsam mit seinem Freund, dem Maler und Grafiker Günter Hofmann, nutzte. Räume voller Bücher, Farben, Pinsel, Malereien, Zeichnungen, Figuren, Grafiken, Skulpturen. An jeder Stelle gab es Dinge, die ich bisher nicht gesehen und bis dahin auch kaum beachtet hatte, Hölzer und Steine in besonderen Formen, skurrile Fundgegenstände, alte Metalle, antike Möbel und Holzengel, die es mir besonders angetan hatten. Es gab viel zu entdecken, ein Museum lebendiger Art. Spät in der Nacht ging ich nach Hause, weinselig und mit einem geliehenen Buch unter dem Arm. Nach 1990 zog das Atelier auf die andere Straßenseite, wurde kleiner und nur noch von Günter genutzt. Bis zu seinem Tod 2008 gab es keinen Aufenthalt bei Mutter und Vater in Hainichen, bei dem ich ihn nicht besuchte. Dort traf ich auch regelmäßig Karl Fischer, der ein Jahr vor Günter starb. Günter und Karl, meine beiden väterlichen Freunde, die mir die Türen zu Kunst und Literatur geöffnet haben, Karl schon während der Schulzeit und Günter hat sie weit offen gehalten, sehr behutsam allerdings. Es ist lange her, aber ich vermisse sie, inzwischen aber mit einem zärtlichen Gefühl. Seit ein paar Jahren baue ich nun Fabelhäuser in der Prignitz, wo ich eine kleine Werkstatt habe. Ich weiß nicht warum, es geschah einfach. Anfangs waren sie sicherlich eine Art poetischer Ersatz während einer Schreibpause, die sich nach Jahrzehnten des Dichtens angekündigt hatte. Mittlerweile stehen sie neben den Gedichten, unabhängig und doch irgendwie verbunden. Hunderte haben ihren Platz in fast allen Bundesländern gefunden, manche verschlug es nach Europa und einige nahmen den Weg über den Atlantik. Als ein befreundeter Künstler diese Hausgestalten, *Häuser der schlafenden Gedichte*, wie ich sie manchmal auch nenne, sah, meinte er, sie erinnern ihn an Günter Hofmann. Und vielleicht haben sie tatsächlich einen Ursprung in Günters Atelier, in seiner poetischen Bild- und Fabelwelt, in der er unterwegs war, träumte und sie zum Leben erweckte. Ich war über lange Zeit ihr Gast und bin es vielleicht noch immer.

Herbst 2022

tür ein

blaues licht hat sich durch zweige gefressen,
hängt an ihnen herunter. der himmel ist weiß.
eine stimme singt, weitet die hellen felder,
über die ich mit ausgebreiteten armen laufe und
dabei immer tiefer in den schnee sinke. am ende
der blicke wohnt ein haus. fenster stehen
offen. es muss kalt in den zimmern sein. die tür
liegt auf der kehrseite der augen. nun ist es
ein chor, der mein schweigen in worte bringt.
auf dem rückweg komme ich mir entgegen
und frage mich, wo ich gewesen bin. die stimme
singt noch heller als zuvor. es gibt keinen spiegel
und keinen abgrund. das land ist flach, sodass ich
über mich hinwegsehen kann. der boden ist beschattet
von blinden flecken. dann ist das lied gesungen
und beginnt noch einmal. immer höre ich es
in einem anderen licht. *das leben ist schön,*
wenn ich die augen offen halte und weit genug
schließe. so schön ist es, dass ich nicht sterbe.

Das Gedächtnis geht durch den Schnee

elternhaus

in leere flure werden fenster und türen getragen.
und an wände gelehnt, auf denen erinnerungen
verwaist sind. nach tagen öffnen sie sich und spiegeln
ihre anwachsenden augen im scheibenglas. licht zerlegt
die räume, in denen schatten wandern. sie kommen
nicht weit, hängen sich an zweigen und ästen auf,
die in die zimmer gegriffen haben. das dach ist geschlossen
und schweigsam. bäume haben begonnen, das haus
zu begraben, indem sie dem himmel näher kommen.
alle warten jetzt auf das ende des sommers. doch
die kindheit wird wieder lebendig. sie ruft aus
fenstern, die sich hinter den mauern geöffnet haben.
sie tragen gesichter, die sich erkennen und worte verlieren,
in denen sie sich geborgen fühlen. nur für einen moment,
dann werden die münder größer und größer, verschlingen
ihre eigenen gesichter, verschwinden hinter eingeschlagenen
fensterscheiben, und alles wird wieder still im haus.
nur die geräusche der schatten sind zu hören, wenn sie
von den zweigen und ästen fallen. mutter und vater
sind tot. sie haben den garten nicht gesehen, in dem ich
neben dem kleinen feuer sitze und jeden abend bäume
verbrenne, die nicht in den himmel gewachsen sind.

das kalte haus

das haus ist kalt. scheiben sind in den blüten
der eisblumen gesprungen. frost schleicht in hände,
die weiße wände berühren. sie brennen.
fliegen liegen auf dem fensterbrett. die flügel
sind trocken und manche vom leib getrennt.
ich hör die geräusche, wenn der körper
immer wieder gegen das glas schlägt.
irgendwann hört es auf. und knistert.
das holz im haus arbeitet immer. es bewegt
die lauschenden augen, wenn sie geschlossen sind
und durch den wald gehen. die bäume sind schwarz
und haben das licht gesehen, als es schatten
von ihren stämmen zog. zwischen ihnen ist es dunkel.
und weiß in der nacht. jeder schritt kennt nur
den vorangegangenen. weiß nichts von ihm.
auf dem dach liegen die spuren schneetief.
ich schließe die tür.
von beiden seiten der augen.

spur

die tür ist einsam. sie steht offen.
laub hat sich im spalt gesammelt.
fenster sind den augen aus dem gesicht
geschnitten. fetzen schnee liegen davor.
der himmel ist ein blaues lied,
das an den schwarzen zweigen singt.
ein kranichpaar ruft seine schatten an.
sie sind so flüchtig, nur ein hauch
des weltenlichts. das jahr geht bald
zu ende. menschen stehn sich selbst
im weg, weil sie den spiegeln viel
zu nahe kommen. im sandweg liegen
wasserleichen, die blicke eingefroren.
ein reh mit aufgerissnem hals sieht
in die leere seiner augen. die wolfsspur
führt ins innere, verliert sich bald.

unsagbar

unsagbares ist aus den worten gegangen,
irrt durch die wälder, bangt in den nächten,
seine stimme zu finden und am tag, gesehen
zu werden. an der kalten seite der spiegel
geht das gedächtnis durch den schnee. schritte
sinken tief und machen den weg schwer.
nach jahren trittst du in die gleiche spur
und erkennst sie nicht wieder. deine haut
ist glatt und das haar feuerrot. nur die augen
erzählen eine andere geschichte, in der sie
dir blind gefolgt sind. eine leere flasche rollt
in der bahn zwischen zwei sitzen, je nach fliehkraft.
ich sehe sie nicht. sie ist laut, wenn sie anschlägt,
aber zerbricht nicht. vieles bleibt unsichtbar,
hast du gesagt. daran muss ich denken.
wir teilen den atem, die träume und sätze, die uns
verbinden und trennen. wir verändern uns nicht,
wir altern. in der ferne brennt licht in einem haus.
als du ankommst, ist es asche. dann rufst du
in die stille des abends mit flüsternder stimme.
grau klingen worte, die dich am leben halten.

der zaun

der zaun ist gebrochen. ein toter baum hat ihn
zu fall gebracht, der frost seine pfähle angefressen.
es ist stiller geworden, seit die eine leere die andere
ausgefüllt hat. am himmel sind ihre bäume blau.
sie sehen zerbrechlich aus, je höher sie steigen.
laub liegt im raureif, formt in den augen geräusche,
an denen schritte aufhorchen. gräser und farne
sind weiß, stillgestandene bewegungen des lichtes,
an denen schatten gefrieren. das wasser liegt tief
nach zwei trockenen sommern, wie die erinnerungen,
nicht sichtbar, seinen oberflächen gleich. und worte,
von denen man nicht genug weiß, setzen sie zusammen.
ich zweifle, ob sie zu mir gehören. in den schnee
möchte ich greifen. dann wüsste ich, dass es ihn gibt.
aber es sind späne zerschnittener stämme, die mir durch
die finger rieseln. und dann komme ich an zwei zaunfelder,
die noch nebeneinander stehen und sehe, wie schön
sie sind, nachdem sie allen sinn verloren haben.

erbe

gelb liegen die wiesen im geöffneten licht.
pfade ziehen augen an den rändern zusammen.
im dichten baumfeld sind viele stämme gebrochen.
jetzt ist die luft ohne atem. bahnhöfen hat man
die fenster genommen und wänden botschaften
aufgezeichnet, die hohl in den räumen hausieren.
wenn es dämmert, kommen gestalten und fliehen
vor plänen, die sie verfolgen. sie streiten um
die farben der blumen, denen sie die köpfe ab
geschlagen haben. täglich werden es mehr.
am morgen warten sie auf züge, die nicht kommen.
dann gehen sie nach hause und schlagen ihre
kinder, damit sie härter werden als sie, und das leben
besser verstehen. doch die kinder sind lange schon
fort. sie haben verstanden. sie bauen die häuser
aus glas. und meiden die blumen.

verschlungen

der regen ist stehengeblieben, hat alle geräusche
angehalten und das dunkle aus dem boden gezogen.
kalte augen wärmen die luft. vielen bäumen
sind rote nummern eingeschlagen. bald lichten sie
den wald. hohl sind ihre körper, in denen sie
einmal aufscheinen werden. doch noch ist es zeit.
ich hör deine stimme in allen liedern. sie hellt
alles auf, was ich sagen könnte. ich komm ihr
entgegen. neue zäune wurden um das gelände gestellt.
sie sind grün, wie der durchsichtige schnee,
der aus dem weißen himmel fällt. manche gesichter
sind in die masken gewachsen. und manche masken
tragen eine zweite haut. worte verändern sich. sie
sind ausgesprochen schön, wenn sie bei sich bleiben.
ich halt deine hand. sie ist warm und singt.

am morgen

es hat geschneit, die bäume sind voller regen.
es ist kalt. die augen tränen im aufkommenden licht.
wasser treibt in dünnen linien über das fensterglas.
felder tragen eine schneehaut. kahle sträucher
zeichnen sich auf ihr fort. keine schritte sind über
den weg gegangen. ich fahre an den see, will sein eis
über das wasser tragen. ein halbes leben ist seitdem
erzählt. der wind greift ins gesicht. ich sehe die dinge
vom ende her, hast du gesagt. das ist ein langsamer satz.
am bahnhof werde ich abgeholt. ich bin fremd hier.
immer fühlte ich mich fremd, nur bei dir nicht.
du bist schön. du hast ein lied gesungen. es wird tag
und der schnee rutscht von den dächern. der winter
wird kommen, schon ist er hier. und ich muss gehen.

grüner schnee

dunkle tücher hängen den himmel ab. wind frisst
den regen. bäume brechen ihre zeit. alte worte
ziehen sich in den wald zurück. dort wollen sie
unentdeckt bleiben. und leben mit den tieren,
die nicht von ihnen gehört werden. ihr schweigen belebt sie.
eichen sind entlaubt. sie sehen aus, als würden sie sterben.
und doch. manche augen sind zu jung für erfahrungen,
die sie nicht gemacht haben. licht hat den sand
der kiefern eingegraben. es ist einsam ohne schatten,
die sich immer wieder in den weg gestellt haben.
manche stämme tragen rote pfeile, sie treffen.
aus dem rauschen in den wipfeln wird schnee.
er ist so grün wie das gras, das die wiese trägt.
du bist mein leben. was soll ich sagen, ohne dich.

blume im haar

senken der wiesen liegen unter dünnen wasser
schichten. der himmel ist grau angelaufen und hängt
seine durchsichtigen stoffe in die baumkronen.
sie streichen sich ihre finger aus dem gesicht,
das den mund geschlossen hält. ich sehe worte,
die sich gebildet haben. viele stämme stützen sich
an nahestehenden bäumen. ich höre wie deine
augen in meinem lied singen. wie hell seine stimmen sind.
bald werden die zweige vom blätterwind verdeckt sein.
der raum unter ihnen zündet lichter an,
die du angehaucht hast. in zwanzig minuten hält
der zug und du stehst am bahnsteig, eine blume
im haar, die nur ich sehen kann. lange bin ich
durch schnee gegangen, der liegengeblieben ist.
kalt waren die hände, der regen ist ins haar gefroren.
der kopf gehört nicht zum körper, nicht in der liebe
und nicht im gedicht. manche sätze sagt man
nur einmal im leben, nur ein einziges mal.

regenlicht

schneeklumpen liegen im laub abgerissener
pappeläste. wind treibt die zeit vor sich her.
knietief stehen die gräser. mein herz schlägt
mir den tod aus dem kopf. es gibt nur wenige
worte, die dem leben gehören. die gesichter
im spiegel kennen mich auswendig. sie schauen
in eine andere richtung. die mohnblumen bluten.
seit tagen singt die nachtigall. sie sitzt im blättergrün.
der tisch im garten ist gedeckt. ich komme zurück,
weil ich nicht fort war. aus den schwalben fällt
regenlicht. es brennt, wenn ich schlafe. ich träume
nicht mehr, wenn ich wach bin. ich liege mit dir
in der wiese. wir zählen die gänseblümchen.
es sind so viele. so viele sind es.

knospen

die welt verengt sich, spricht worte
nur den echos nach. körper schlüpfen
in die schatten, die hinter dünnen
bäumen stehen. in ihren kronen wächst
das grüne licht und streckt die augen.
häuser ziehen sich die wände an gesichtern hoch.
straßen atmen flach, sind kaum zu hören.
ich geh durch einen tunnel, der über
eine brücke führt. ihr fehlt der fluss.
ich hab das meer schon tausend tage
nicht gesehn. ein alter biber hat sich
an den bach gelegt. er stirbt. er zuckt,
als ich ihm nahe komm. ich stehe unter
schwänen, werde klein in diesen flug
geräuschen. ich glaub von ihnen, dass
sie mir gehören. doch sumpfig ist die wiese.
schritte wiegen schwer, wenn sie
die toten tiere finden. licht wühlt in
den alten blättern, die nun den baum
verlieren. knospen öffnen ihr gesicht.

meereslichter

sandschleier verwehen abendkleider
der meeresgestalten, die in den wellen
an land gehen und ihr feuchtes licht ablegen.
hinter muschelhälften bilden sich körner
schatten. junge krähen tragen im schnabel
stofffetzen, die sich in den fluglichtern
färben. sie schreien, wenn ich die hand
an mein herz halte und die schläge zähle.
ich fürchte, es könnten nicht genug sein.
strandkiefern verlassen den wald.
von den wurzeln her schält wind ihre haut.
am meer gibt es keine weißen schmetterlinge.
ihre flügel tragen meine lebensbänder.
und ich seh einen fisch am strand liegen,
seine augen von einer feder durchstochen,
als würden sie sich fortschreiben.

Die Fenster stehen offen

fenster zur eisnacht

moos federt schritte. durch kiefern führt
eine wildwechselspur. licht fräst wolken
aus dem blauen himmel. schnee erinnert
an die weißen tiere, die unter decken liegen
und nur erscheinen, wenn er über stunden fällt.
die nacht hat ihre kalten wände in den wald
gestellt. schwäne fliegen durch das eisgefieder.
rufe fallen auf das harte feld, zerbrechen.
am glasteich klirren schreie ungezählter gänse.
an gräsern flimmert licht im wasserstaub.
augen tränen, sehen ihr gesicht erstarren.
ein fuchs verschwindet in gekalkten ställen.
eingeschlagen sind die eisenfenster. durch sie
dringt noch die wärme alter tiere. doch es ist rauch.
sein rotes bellen ist schon fast erstickt. du hörst es,
als das schweigen über seine grenzen tritt.
ein kranichpaar ist vor dem schwarzen tor
zu sehen. das eine tier steht still, das andre hinkt.
schon morgen wird der schnee getaut sein. und
jemand winkt dir nach, als du das haus verlässt.

ergeben

grauer schnee färbt regentropfen. himmel
senkt sich in den schwaden. krähenschreie
sind das licht, das im verborgnen scheint,
voller verheißung. die dunklen bäume strotzen
vor ergebenheit. der weg wird kürzer jedes jahr,
der sich am ende mehr und mehr im wald
verzweigt. so viele stämme sind im sturm gebrochen,
dass sich ihr atem weitertragen kann. ich sehe
menschen, denen ich begegnet bin. sie sind so
seltsam still und lächeln nicht. einer schaut
durchs fenster in den hinterhof. einer geht
am bahnsteig auf und ab, den kopf gebeugt.
und einer malt, weil er nicht schlafen kann.
ich bin den bildern viel zu nah. sie haben
meine farben an den fingern. so halt ich sie
mir fern. im wald verwaist der schnee. tiere
stehen still und lauern auf die wölfe. die zeit
vergeht und mit dem leben kommen sie davon.

rufe

über dem winterrapsfeld blähen sich seidene regen
tücher auf, bevor sie die gewänder über ihre körper
legen. ihr licht ist ausgebrannt. gänse schreien
an den teichen, die den himmel in sich tragen.
der waldrand drängt sich in die dunkelheit. ich seh
den kupferstich der schmalen gasse im zimmer durch
die wände gehen. und hör den atem, der sich selbst
verfolgt. ein fenster ist beleuchtet. es steht offen.
kalt sind meine augen. der weg ist ihnen abgeschnitten.
er führt ins eingefallne haus, in dem die stimmen
angesprochen werden, die sich in seinen trümmern sehen.
stille saugt der weiher aus den bäumen, die an seinen
rändern treiben. die nacht wird laut. ich gehe kranich
rufen nach und keinen schritt, den ich noch weiterkomm.

pfad

die grüne schneewiese liegt im nebel.
aus fenstern der holzbaracken dringt rauch.
sie sind vergittert, die eingänge nummeriert.
von den wänden blättert farbe. gehwege
dazwischen sind geräumt, einige stämme
in den eisenzaun gewachsen. die einzigen,
die nicht gefällt wurden. verklumpt sind
federn gerissener tauben, sie waren weiß.
in sichtweite wurden häuser mit getönten
scheiben gebaut, eins vom anderen verstellt.
im weiher sind fußabdrücke eingefroren.
das eis hat gesungen. maschinen hoben
tiefe löcher aus. gesenkte köpfe versteinern
den pfad. meine tochter bekommt einen sohn.

kleine schritte

bäume werden still. der boden stellt den müden
blicken fallen. köpfe beugen sich der dunkelheit.
schatten sind jetzt frei, und in den see gegangen.
die häuser ziehen sich zurück in ihre zimmer,
wo sich die dünnen worte dem gedächtnis übergeben.
sie sprechen leise, um die echos aus den träumen
nicht zu wecken. ein sperling pfeift am offnen tor.
die haut wird hell, wenn wir am grabe stehn.
die toten sind schon lange in das boot gestiegen.
es ist, als tanzen sie in durchsichtigen kleidern,
wenn ich die augen schließe. der wind bläht ihre
hohlen stimmen auf. ein mann zerhackt die bank
aus stein, die noch am ufer steht. im rücken kommen
kleine schritte näher. sie rufen, als wär ich gemeint.
es ist das kind, es will zu mir. ich bin es, ich.

wintergeräusche

ich hör geräusche abwesender amseln,
wenn sie im laub zerreißen. tief
ist der schnee in den boden gesackt.
schritte erschweren den körper.
kleine gestalten huschen über offene felder
und spannen fäden, an denen sich
licht aus den worten zieht. meine köpfe
richten sich an hellen tönen auf. die moos
bewachsenen äste der eichen hängen
an ihren tüchern. die ersten laute des kindes
erzählen den augen vom anfang. wie wund
sie sich sehen. an einer verborgenen
waldsenke ist das wasser gefroren. darauf
liegen fetzen eines federkleides, weiß
wie schnee schimmert das blut.

zwei leben

das licht bricht die letzten eisschichten auf. nackt
sind bäume und felder. der schneeatem welkt
in den wiesen. unter eichen knistern die winter
lieder. wo der wind hell ist, sammelt sich staub,
noch zu schwer, um schatten zu heben. weiden
dehnen die knochen. zu schnell sind die augen.
erste kraniche schreien den himmel blau. ihre
flüge hallen echos nach. leer scheint der raum,
in dem sich die jahre häuten. das alte kind dreht
den kopf zur sonne, verspricht sich den träumen
und will nicht mehr schlafen. die stimme frisst
kreide, um sich in den nächten zu hören. der wald
gräbt die tierschädel ein. ich denke ans sterben,
und sehe das leben, wie es luftschlingen legt und mich
näher an sich heranzieht, bis wir uns weit in die
augen schauen und gleiches mit gleichem versehen.

niemand

raureifnebel tränkt die wiesen. geisterhaft
stehen bäume in ihren skeletten. zwei kraniche
steigen durch die graue luft. häuser schweigen
hinter zugezogenen fenstern. sie hüten geheime worte,
die nur sie zu gesicht bekommen. tiere schlagen
einen bogen um ihre vorhöfe. das weiß der kalten nächte
schreibt sich gedanken ein. kadaver liegen an waldrändern.
es sind viele in diesen tagen. bahnhöfe halten
an leeren zügen. niemand weiß, wann und wo
jemand einsteigt. waggons werden auf freier strecke
abgehängt. niemand weiß, was gut oder böse ist.
viele stellen sich den tod vor. das macht sie müde.
es ist kein traum. er hat sich in die augen
geschlichen, die nichts von ihm sehen. zäune werden
an verborgenen stellen abgeladen. menschen tragen
masken hinter monotonen stimmen. die zeit des wartens
neigt sich dem ende. der große fluss ist noch gefroren.
aber auch, wenn man ihn überquert, ist nicht klar,
auf welcher seite man steht. mit dem tauwetter wird
die vergangenheit verschwimmen. niemand weiß,
wie lange es dauert, auch wenn die stimmen sich mehren.

das viertel

tiere in menschennähe werden getötet, ihre leiber
verbrannt. masken tragen gesichter und dunkle brillen.
sie haben keine worte mehr. rauch steht über der stadt.
doch in manchen zimmern werden hunde und katzen
versteckt. wenn sie laute von sich geben, klopft es bald
an der tür. in diesen tagen schweigt der wind. überhaupt
ist es still. selten hört man einen vogel. noch sind sie
weit entfernt. manche erwarten ihre ankunft und hoffen.
sie können nichts tun. überall liegen leere spraydosen.
häuserwände beginnen zu sprechen. doch sie verstehen
sich nicht. knospen der sträucher sind aufgesprungen.
und wachsen in dünne aschehäute. aus einigen fenstern
ragen gewehrläufe, scheiben sind mit tüchern verhangen.
immer wieder sind abrissbagger zu sehen, die zu super
märkten gerufen werden. einmal am tag ist ein laut
sprecherwagen zu hören, der vor kontakten warnt und
die zahl der toten nennt. es sind nur roboterstimmen.
viele halten sich schon die ohren zu. in ein paar monaten
soll alles vorbei sein. dann atmen sie auf, halten die luft an.

worte

knospen springen im blauen licht auseinander.
es ist kalt. im boden liegt schnee, der noch nicht
gefallen ist. wir geben uns aus der hand, hast du
gesagt, an maschinen, die aus worten gebaut sind.
worten, denen das blut fehlt, das durch ihre
adern fließt. die zurückgekehrten vögel über
schlagen sich in ihren tönen. ihr leben ist kurz.
zweige bewegen sich nur leicht. jede berührung
verliert ihr gedächtnis. frauen gehen mit ihren hunden
spazieren, halten ihr gesicht in die sonne. männer
gehen in häusern auf und ab. oder umgedreht.
die fenster bleiben geschlossen. es liegt zu viel
in der luft, von dem man nichts weiß. wir geben uns
aus der hand, sind echos der lautsprecher, die überall
aufgestellt und nicht zu hören sind. die bruchhölzer
im wald sind getrocknet. sie brennen gut. das haus
am fenster steht unter offenen worten, die sich
verborgen haben. manchmal finden sie in ein lied.
dann lächeln sie und weinen ein bisschen. ihre zeit
wird kommen, wenn sie vergangen ist.

menschen am fluss

grün stehen bäume im gelben licht und wanken.
felder sind schon einmal geschnitten. schatten
des vogelgesangs schweben über der wiese. rot
und blau läuft sie an ihren rändern aus. der wind
dreht sich im kreis. ich bin in deinen augen über
den fluss gegangen. der fluss war blutleer. das papier
schiff ist auf grund gelaufen, die mannschaft an bord
geblieben. alle weinten, um von der stelle zu kommen.
manchmal sind die dinge zu kurz gedacht, um leben
zu retten. im wald hatten sie feuer gelegt. eins nach
dem anderen, immer nebeneinander. es rückte näher
an die stadt und an den fluss ohne wasser. die ersten
kapitänshüte gingen schon in den flammen auf. doch
dann begann es zu regnen. drei tage und drei nächte
regnete es. die schiffe stachen in see, dieses mal
waren sie aus holz. die kapitäne wuchsen schnell heran.
es waren frauen. es sollte alles besser werden. die ernte
war verloren. die schatten gingen nach hause. pausenlos
wurde im radio davon berichtet. doch es waren nur die
zusammengeschnittenen aufnahmen der vergangenen
jahre. aber das machte nichts, weil es begann.

veritas wittenberge

helle säulen stemmen die erde in den himmel.
im abgrund läuft ein film, der arbeiter beim verlassen
der fabrik zeigt. ein letztes mal lächeln sie hier
in volle gesichter. die hohlen kartons sind gepackt
und öffnen die hände. weiße tücher hängen
an dünnen fäden die stahldecke herunter. sie brennt
im neonlicht. wilder wein hält die eisenfenster zu.
er trägt nicht mehr. bilder der elbe fließen durch
die hallen. eine goldene nähmaschine hat die häute
zusammengestochen, steht still im staub. jemand
hat lavendel in die reihenwaschbecken gepflanzt,
unter den abgetropften hähnen. durch das gitterglas
im duschraum wurde geschossen. in rotgefärbten
rohren verbinden sich geräusche der luft. blut
ist über atemwege gelaufen. die metalltüren sind nur
auf zehenspitzen zu erreichen, schließen sich aus.

wasserhaus

der see ist im haus versunken, die wasserwände
haben sich gerichtet. das dach schwimmt auf dem stuhl,
die flügel liegen aufeinander und treiben auf der stelle.
die tür ist ein loch, das die jahre trockengelegt hat.
durch die fenster schwärmen die fische. und schnappen
nach luft. in den zimmern habe ich worte gesammelt,
jedes durfte nur einmal ausgesprochen werden.
dann löste es sich in licht auf, das in der dunkelheit schwieg.
vom himmel aus gesehen, lag das haus unter wasser.
und hatte den boden verloren. und die tage gezählt,
an denen es wartete, bis die worte sich in ihm wieder
fanden. einmal hielt ein kleines flugzeug über dem see.
und brannte. es war am hellichten tag. die schwalben
flogen tief.

seehaus

holzhaut schält die häuserwände,
die an den regenseilen hängen.
der stahlarm greift dem boden ins gesicht,
das nur ein echo seiner schädelknochen ist.
der see verengt sich an der schilffront,
die von allen seiten näherrückt.
wolken falln dem wasser in den rücken.
der hausstamm reicht bis auf den grund.
er richtet jeden sturm. der adler schwebt
über dem fischfeld, kreist es ein.
krähen singen schon die weißen lieder.

traumhaus

die ersten felder sind verbrannt, das fuchsfell asche
staub. am rad dreht sich das haus aus der gefahrenzone.
am horizont hängen die regensträhnen. es riecht
nach einem traum, der jede nacht vorm fenster steht
und seinen atem durch die scheiben haucht.
am morgen liegt ein bisschen schnee im zimmer.
ich glaub, ich wach nicht wieder auf. die tür ist aus
der wand gegangen. im lichtkreis gehen augen auf
und zu. der fuchs bellt an den schlafgrenzzäunen.
den mund halt ich mir zu, dass ich beileibe nicht ersticke.

Fabelhäuser

Der Wald rückt näher an die Innenräume

waldhaus

der wald ist voller häuser, die an den bäumen
weite wege gehn. sie steigen durch die senken,
lichten sich und laufen in den farben ihrer schatten ein.
sie hülln die dunkelheit in schweigen und singen
lieder, wenn sie an den mulden stehn. die fremden
augen können sie nicht sehn. so wandern körper
durch die weißen wände. und stehn in räumen,
wenn der grüne regen fällt. es knallen schüsse,
die an blut erinnern. und einer trifft dem rot ins herz,
das immer schneller schlägt und leise wimmert.

vogelhaus

das haus zersplittert in den teilen, die das licht
herausgeschnitten hat. fenster wechseln ihre positionen.
eisenträger stemmen schritte, die den körpern
die gestalten wechseln lassen. ein vogel spiegelt sich
im scheibenglas. der wald rückt näher an die innen
räume. dort sind die worte an den wänden ausgeblichen.
sie hatten sich ein leben abgeschrieben. das laub
weht durch die tür und schmückt das haar des feder
kleides. zweige wachsen durch die augenhöhlen. knospen
springen auf. und in den stimmen, die die tür umstellen,
sterben ihre träume, weil sie den blicken aus dem wege gehen.
der vogel fliegt davon, bis es nicht mehr zu sehen ist.
die flügel sind jetzt abgefallne schatten, flattern noch.

fliegenhaus

das haus schlägt die bäume zurück, geht mit tier
augen durch den wald. und stützt sich an seinen jahren.
die ränder der blätter färben dem wind seine häute.
in diesen tagen sind die braunen nägel länger und dicker,
die in die fenster und türen getrieben werden. hoch
stehen zäune am wegesrand. die schafe dahinter sind schön
und blöken ihr spiegelbild an. verschworen wirken
schattenäste, die unter dem feldstaub hausieren. darüber
weht schon der erste schnee in den helllichten träumen.
die spur nackter füße des kindes wächst, bis es dunkel
und still wird. es gewöhnt sich mit jedem schritt
an die augen, die hände. im haus ersticken die fliegen.

fensterglas

tiere stehen in den glasgeräuschen
hinter ihren augen. das weiße licht
ist in den bäumen aufgeschlagen
und läuft an kalten stellen des waldes
auseinander. worte verlieren ihre helligkeit.
lautlos gehen tiere durch die blicke.
der teich verlangt nach wasser.
neue schilder wurden aufgestellt.
eine pappel vereist im schneestaub.
die alten zeiten kehren zurück. ihre lieder
faulen in stimmen. augen schrein ins leere.
das vergessen hat die trümmerberge
ausgegraben. leichen hüllen sich
in goldene gewänder und gehen über
sich hinweg. wieder im zimmer reiß
ich das spinnennetz von der scheibe
und seh mich im fensterglas singen.

ausblick

häuser sind an bäumen zugrunde gegangen.
sie haben türen aufgehalten und fensterflügel
trugen ihre schatten über die dächer. tiere rückten
den mauern auf den leib. und regen löschte alle
menschlichen geräusche. der oktober war voller
farben und schüttelte blicke ab, die sich den augen
näherten. die stille war hell, sodass man jeden schritt
sehen konnte, der den körpern folgte. gelb floss
das licht in strömen. die kraniche waren verschwunden.
nur einer humpelte über das stoppelfeld. sie ahnten das eis,
das die wände aufbrechen würde. in ihren sprüngen
hatte sich wasser gesammelt. die lichtinseln wanderten.
ich hörte jedes wort, das sich verschwieg. wenn ich sie
aufsage, verlieren sie mich. das konnte ich sehen.
auf einem koppelpfahl hockte ein bussard. dinge
häuten sich mit den sätzen, die über sie gesprochen werden.
und erkennen sich nicht wieder. aber das ist nur
eine optische täuschung, über die ich hinwegsehe,
egal, was noch kommt. oder gegangen ist.

wolfsmärchen

noch sind die pappeln grün und rufen
die echos des sommers. im reifen maisfeld
hausieren die tiere. bald fließt ihr kugel
blut in die erde. der sand des weges spiegelt
den himmel. im dorf waren wölfe, haben
sieben schafe gerissen. die märchen erfüllen
sich nicht. wir sitzen im gras und hören
das lachen der kinder. ein paar regentropfen
treffen unser gesicht. eine weiße feder zittert im gras.
sie ist daumengroß und reißt sich von der schaf
garbe los. lauf hase lauf. die liegekuhlen der rehe
sind noch warm. ich sammle holz für den winter.
es reicht nur für eine nacht. worte haben uns
an die hand genommen. lassen wir sie gehen,
folgen sie uns, auch wenn wir uns das nur wünschen.
aber gesagt ist gesagt. darauf verlassen wir uns.

badestelle

nebel steigt aus dem waldboden, kommt über
die bäume. sein gesicht hat der regen verloren,
auf dem lichthäute schwimmen. spätsommergräser
perlen tropfen auf. an der badestelle der schwarzach
stehen kinder und sehen in ihre vorüberfließenden
augen. aus dem rauch des erloschenen ziehen sich
körper an ihren köpfen hoch. die häuser stehen
an verwitterten holzwänden. in der blutrinne des opfer
steins hat sich wasser gesammelt, trocknet auf durch
sichtigen flächen des himmels. ich hör den hund
im fernen hof jaulen. eine eisenkette schlägt immer
wieder an. vögel kreisen tiefer. als schatten aus den
körpern kriechen, springen die kinder in den fluss.

einfach

kraniche rufen ihre echos zurück. wind färbt sich
an den blättern. fenster sind versponnen. die nächte
schlafen auf dem rücken. augen träumen wieder
von den worten, die sie sehen. ich bin schon auf
dem weg zu mir. ich habe mich versäumt. die felder
wechseln ihre saat. der mais steht hoch in diesem jahr.
kleine flüsse werden groß und schrein. die häuser
köpfe platzen. die lieder aus den alten zeiten kehren
heim. sie haben kein zuhause. ich sitz im garten,
zähle äpfel, die aus dem blätterhimmel falln. er lichtet
sich und manchmal sind es zwei, die dann im selben
augenblick versinken. im dunkel zeigen sich die tiere.
die blinde katze legt sich mittlerweile an mein bein.
ich darf sie nicht berühren. sie sieht mich aus den leeren
augenhöhlen an. die wiese ist an vielen stellen unter
graben. ich will die toten nicht mehr über brücken
tragen. ihr eignes leben haben sie. ich bin zu müde
für die lichter, die in ihnen brennen. ich werde wach
und es ist tag. so einfach kann es sein.

spätsommer

der mais verfault, der weg ist voller regen
leichen. wind hat sie mit einer sandhaut überzogen.
in den händen hat der sommer sein gesicht vergraben.
pflaumen sind geplatzt, bevor sie ihre süße fanden.
ich lieg in deinen armen, wie blond dein lächeln
in den augen schwebt. der wald scheint noch so grün,
er täuscht das licht. die eichenarme brechen.
am hochstand warten schon die tiere. sie sind so
voller ungeduld. felderberge wölben noch ihr land.
dann flachen sie in worten ab, die den gedächtnis
raum besetzen. in jedem herbst werden sie lauter,
indem wir schweigsam sind. pilze leuchten weiß
im graslaub. der regen hat nach tagen aufgehört.
vogelschwärme lärmen, blähen ihre tücher, aus denen
hell gestalten gleiten. wir schlüpfen in sie, um uns
noch einmal zu verkleiden, bevor die haut zutage tritt.

herbst

wind leckt die pfützen glatt. glas fällt
aus den schreien hunderter wildgänse.
treibende wolken verschlingen ihre schatten.
gräser fliehen, ergrauen dabei. dünn
werden worte, auf denen häuser stehen.
ihre fenster sind aus zersplittertem licht,
das aus den augen scheint. im sommer
ist eine amsel gegen die scheibe geflogen.
nun singt sie mit den wänden, an denen
schritte enden. ich hab viel holz gesammelt
und es vor der tür geschichtet. nun bringe
ich es zurück in die bäume, obwohl es
zu spät ist. am alten bahnhof wurde die uhr
gestellt. die blätter färben sich schon. bald
kommen sie sich näher. oft träume ich jetzt
vom schnee, wie er fällt und fällt und ich durch
ihn gehe, rückwärts, um meine spuren zu sehen,
die mir voraus sind. das leben ist so kurz.

zeitfall

welkes licht fällt zu boden, färbt ihn noch
für tage ein. letzte schatten des sommers,
über die ich hinweggehe. der wind bringt
die kälteren augen. der weiher ist tief gesunken.
und schritte werden laut unter den zurück
gezogenen bäumen. nicht alle worte kommen
durch den winter. zaunfelder liegen brach,
verschüttet von gedächtnislücken, in denen
sich das falsche schweigen ausgebreitet hat.
die lieder kommen aus den tonarchiven
und überschlagen sich in aufgerissnen mäulern.
es ist die zeit, an der die uhren scheitern.
die trocknen äste knacken in den kronen.
regen ist im laub zu hören. ich steh am rand
und seh die häuser an den wänden ziehen,
auf denen die parolen ihre kleider wechseln.
sie gehn im gleichschritt, ziehn die körper nach.

auf der lauer

in pfützen zeigen sich schattenbäume, deren blätter
in den augen schwimmen. der himmel zieht
die grauen tücher. am waldrand liegen dunkle tiere
auf der lauer. ihr fell hat sich verwandelt, der farbe
angepasst, die in die wortspur läuft. soldaten reiten
in der ferne. sie ahnen nicht, wohin. die alten kinder
winken mit den ausgedienten fahnen. körper sind so
hüllenlos und wiegen schwer in ihren rufen, nach
dingen, wie sie niemals waren. es sind gesichter,
die den masken abgefallen sind. im schnee wird
das vergossne blut erscheinen. tränen sind so kalt,
dass sie im gegenlicht vereisen. und nicht mehr
sichtbar ist, was wahrheiten erzählen. wo einst
die mauer stand, liegt jetzt ein wolf in gotteshand.

verwandlungen

der morgen ist ein gelbes tuch, das sich in blaues licht
gehüllt hat. die augen treten jetzt deutlicher hinter blicken
hervor. wind blüht in den pappeln. das hör ich bei jedem
schritt, den ich jetzt tiefer in den wald gehe. der wald
ist ein langanhaltendes geräusch der stille. vom himmel
weiß ich, dass er keine erinnerungen hat. er ist flüchtig
und ein stück unbeschriebenes papier, auf dem sich worte
aneinanderreihen und sich bedeckt halten. ich kann sie
nicht nachsprechen. sie halten mir den mund zu. es ist
schwer, sie in der sprache zu finden. früher hab ich
den herbst in seiner jugend geliebt. heute schmerzt es,
wenn er mir ins gesicht greift. dabei bin ich ein junges tier,
das sich langsam bewegt. ich muss sehr achtsam sein.
leicht bin ich ein gefundenes fressen. doch ich verwandle
mich gern. manchmal bin ich ein haus auf eisernen beinen
oder halte mir einen vogel, auf den ich fliegen kann.
oder ich bin eine frau, die mich liebt und schön findet.
viele menschen tragen jetzt masken. das kommt mir
entgegen. spiegel haben ihre gesichter verstellt. man sieht
sie in letzter zeit oft weinen. es sind seltsame tage.
auch träume haben den schlaf verlassen. sie stehen
an jeder straßenecke und stecken sich kleine zettel zu.
sie sehen müde aus. manchmal steigen sie in den bus
und werden nicht wiedergesehen. dann denke ich
an die kraniche und ihre tänze, die in schatten stehen
geblieben sind. ich müsste sie nur berühren.
auf dem zettel steht ein wort. es beginnt mit dir.

Was bin ich für ein Mensch

vom himmel

vom himmel fallen flugzeuge. das gedicht liegt
am boden. es robbt in seine verstecke. es ist klein
und dünnhäutig. die mutterkühe auf den wiesen
mustern mich. dann gehe ich schneller. neben ihnen
stehen ihre kälber auf wackeligen beinen. kolkraben
warten in der nähe. die ersten kraniche sind zurück.
wind reißt ihre schreie in fetzen. es sind stolze tiere.
die stoppelfelder brennen im blauen licht. eine mutter
kuh brüllt unaufhörlich. das verfolgt mich, kommt
näher. die nächte sind am schlimmsten, was bin ich
für ein mensch. worte verlassen das gedicht. ihre
schatten irren durch den wald. dort sehen sie wölfe,
die ein reh reißen. blass werden sie bei diesem anblick,
bis sie nicht mehr gesehen werden. wenn es dunkel ist,
fallen lichter vom himmel. keinen wunsch habe ich frei.
dann geht ein gedicht über das feld. es brennt. für mich.

im garten

ich habe die sonnenblume aufgespannt, gegen den regen.
es ist das alte licht, in dem sie brennt. ich sage den text
freihändig auf. er erzählt eine geschichte, mit der ich
leben kann. ich bin von ihr geblendet. ich schließe
die augen, um sie sehen zu können. es ist sommer
und die haut tropft vom himmel. manchmal gieße ich
meine spuren aus, indem ich sie anhauche. der atem
wird dann schwer und ich sinke in meine eigenen schritte,
oder in fremde. ich weiß es nicht. der himmel steht
kerzengrade und ist blau. blätter beschnittener bäume
winken mir zu, bis ich von mir abgefallen bin und auf
eine andere idee komme. das ist manchmal ein langer weg.
ich sitze dann vor dem spiegel und male sein gesicht an.
es ist schwer, sich für eine farbe zu entscheiden. oft
nehme ich weiß, das färbt ab. ich würde gern mehr
wissen über meine gedankengänge. doch ich bin zu groß
für sie. dann zünde ich eine zigarette an und puste
das streichholz aus, bevor es dunkel wird. meine mutter
hat immer gesagt, wer raucht, liebt die blumen. ich weiß
nicht, ob das stimmt, aber auf jeden fall hatte sie recht.
sie war noch aus einem anderen holz geschnitzt.

ausweg

dem weg wurde der kopf abgeschnitten. hinter dem zaun
tragen die augen ihre gesichter zwischen zwei häusern hin
und her. ihre wände sind aus schwarzem glas, durch das
man nur von innen sehen kann. büsche und sträucher
wachsen das licht zu. das gedächtnis der spuren ist abgelaufen.
die stimmen sind durch den fluss gegangen, und nicht
wieder aufgetaucht. die am anderen ufer gewartet haben,
bauen jetzt eine brücke, von der sie springen können. noch
sind die blätter der bäume grün im stillgestandenen wind.
wir knien nieder und beten, weil der tod nach uns greift.
eine kleine weiße feder, die blut im haar hat, liegt im laub
des letztes jahres. sie muss gerade erst vom himmel
gefallen sein. die aufgestapelten stämme, an denen ich
ein halbes leben vorübergehe, sinken immer weiter
in ihren eigenen boden. ich habe einen mann im rücken,
der einen alten plüschbären trägt. seine augen sind heraus
gerissen. und ein arm fehlt. aber vielleicht hat das alles
nichts zu bedeuten. als ich mich umdrehe, stehe ich vor mir.
und komme mir nach. und weiß nicht, wohin das führt.

am see

schilf schneidet windtücher auf, die an der badestelle liegen bleiben. auf dem see gleiten schattenlose leiber. das gras ist gemäht und der weizen im feld dahinter braucht wärmere tage. vor mir ertrinkt mutter am ufer. vater will sie retten, doch er ist ein boot aus blei mit weißen segeln, die ihn von ihr wegtreiben. mutter kommt aus dem wasser. sie trägt einen spiegel vor sich her, in dem ich ihr entgegenlaufe, bis ich mit dem gesicht aufschlage. die narben sind blutwarm. vater singt aus seinem boot *seemannsbraut ist die see.* ich sammle die scherbenmutter aus dem sand, lege sie auf einen haufen und will mit ihr ein feuer entfachen. und gerade, als ich aufstehen will, fällt mir ein pappelblatt auf die schulter. der sommer ist vorüber, denke ich, und geh ins wasser, bis ich schwimme.

das tor

altersrinde schält den baum, der sich gedanken macht.
die möwe hockt im feuchten sand, der kopf
steckt unterm flügel. mit dem rücken zum meer
stehen die strandkörbe verschlossen. ihre nummern
sind durcheinandergekommen. regen stichelt auf
der haut. kleine federn fangen lichtreste ein. nachts
gehen sie im wasser unter. ich habe die decke aus
gebreitet und laufe mit nackten füßen auf den wellen
spitzen. das dunkle blau am horizont macht augen klein.
sie sind das tor, durch das ich ausschwärme. ich bin
der vogel, der aus dem starenteppich fällt. schatten
sind übers meer gelaufen und werden in der brandung
zerrissen. sie haben all ihre körper vergessen,
sind ohne erinnerungen. was wäre ich ohne sie.

verwittertes kleid

licht ist ins wasser getaucht, aus dem es über felder,
in den wald fließt. an einer astgabel hängt ein verwittertes
kleid. es ist älter, als die erinnerung an den muttertod
und das vatersterben. wenn ich mir mit der hand über
die augen streiche, kann ich sehen, was hinter ihnen
zum vorschein kommt. tiere haben ihre jungen ins leben
gerufen, sind stiller geworden. im gras hockt bewegungslos
eine katze. viele äste des kirschbaumes tragen nicht mehr.
ohne körper sind züge, die ihr gesicht verlieren, mit dem
ich als kind auf bahnhöfen wartete und ohne mich abfuhr.
für stunden hält der sommer die zeit an. in ihr fällt schon
schnee. an ausgetrockneten pfützenrändern hat sich heller
blütenstaub gesammelt. aufkommender wind treibt tränen
durch meine netzhaut. ich stell mich im regen unter.

gesicht im gras

die nördlichsten zweige kratzen nebelstaub
aus der luft, der sich in den augen aufhängt.
eis singt unter den schritten. das warme laub
hat den schnee getrocknet. im halbschlaf
wachen bäume über ungesehene schatten.
hunde laufen laut durch das unterholz.
die füchse sind dünn. weißes licht leuchtet
den spuren. zimmer sind eng an die nächte
gelehnt. dort decken worte ihr schweigen auf.
seltsam, die augen zu schließen und hinter ihnen
aus dem spiegel zu sehen. das gesicht liegt
im gras, das über ihm welkt. ich bin das kind
in der angst meiner mutter und laufe ins aus
gezogene haus. jemand hält mir den mund zu.
der schlaf findet kein ende und träumt nicht.

mutterhaus

der mund meiner mutter hat die lippen verloren.
nur wenige worte kamen über sie. sie hatte kleine
augen, die zu viel gesehen hatten, nach dem krieg
auf der flucht, und davor. die räume dahinter
waren voll offener wände, an denen die zimmer froren
und die fensterscheiben eingeschlagen waren.
meine mutter konnte kein haus bewohnen. ihr gelang
keine tür, die sie öffnen konnte. sie hielt sich versteckt
unter den kittelschürzen, von denen sie immer mehrere
übereinander trug. auf ihnen wuchsen die blumen.
ihnen galt ihre liebe. sie welkten schnell in der vase
und der sommer war kurz in ihrem leben. der schrank
hing voll mit ihnen. meine mutter wusch mir immer
den rücken, einmal in der woche, bis ich die badtür
von innen verschloss. meine mutter schwieg immer lauter.
das habe ich ihr zu verdanken. nach dem essen schaute sie
aus dem fenster, gut eine stunde, dann schmerzten
die unterarme. die menschen sind schlecht, hat sie
einmal gesagt. das höre ich immer wieder, wenn ich
aus dem vierten stock springe. manchmal träume ich,
dass sie mich auffängt. aber ich bin schon zu schwer dafür.
meine mutter hat bis in den tod geschwiegen. nur einmal
hat sie geweint. einmal, als ihr sohn zur armee musste.
das war ein tag. ich lag in der wanne, den kopf unter
wasser. und öffnete die augen. so mutig bin ich gewesen.

quarantäne

wände rücken enger zusammen, wachsen
in gesichter, die sich zwischen ihnen bewegen.
sie werden mit händen beschrieben,
mit gedächtniskreide und gesten des atems.
schritte werden klein, kommen oft
zum erliegen. hinter dem fenster sind gemälde
zu sehen, manchmal scheinen sie sich
in ihren farbtönen zu bewegen. im kahlen baum
fliegen tauben zweige heran. im weißdornbusch
liegt eine amsel im nest. äste wanken.
es soll noch einmal schneien. jede nacht
gefriert der boden. wind wird stärker, drückt
gegen die scheiben. kalte luft dringt durch
feine spalten. es wird hell, wenn es dunkel wird.
tagträume beginnen ihr innenleben. doch
sie führen nicht weit. geräusche nahender flug
zeuge machen worte taub. es gibt nur wenige,
die ich hören und sehen kann. viel zu wenige,
um die augen zu schließen. in der nacht stößt etwas
gegen die scheibe. ich bin wach. es ist finster
und ich lasse das licht aus. am morgen hocken
taube und amsel in ihren nestern. doch sie
sind nicht zu sehen. so dicht sind die bäume
und büsche belaubt. elstern sind in der nähe.

wendepunkt

schnell löst sich der abend im dunkel auf.
gedanken verlieren ihren halt und wandern
von wand zu wand, die sie sich vorstellen.
in der nacht greift sich der wind die blätter.
und regen wäscht die tierleichen, aus denen
die morgenröte aufsteigt. bäume holen sich
den bahnhof zurück und fahren mit ihm fort.
ich habe über die jahre den zügen gewunken,
in denen ich saß. ich habe im schlaf gesprochen
und mir als fremder zugehört. so konnte ich
mich sehen. zwischen den worten steht immer
ein leerer moment. ihn hab ich ins licht gestellt.
seine schatten haben über ihn gesprochen.
das war eine antwort, die keine fragen brauchte.
ich bin zu alt, um der kindheit ins auge zu sehen.
sie lächelt verlegen und geht ihren weg,
ohne nach vorn zu schauen.

schaukel

du gehst nach jahrzehnten durch straßen
mit häuserverbundenen augen. ein licht
fällt auf dich, das zurückwächst. kindliche
schatten bilden spaliere, flüstern dir lieder,
nie gehört, doch vertraut. es öffnet ein haus
seine türen und fenster. du drehst dich
darunter. stimmen erkennen dich wieder.
sie rufen, sie schweigen. du lächelst,
du singst. dein gesicht geht dir unter die haut.
dein kleid, es ist rot, es ist gelb, bläht sich
im wind auf der schaukel im hof, schmiegt sich
an den körper. himmel schwingt in den augen,
stößt auf die erde. der baum ging dir nie
aus dem kopf. er hängt an der schaukel.

das alte kind

der wind hat hellbraune tücher aus den augen
gelassen. zerrissene wolken dehnen das fahle blau.
bruchholz säumt die allee der gefällten platanen.
morsch sind ihre inneren ringe. ich sehe das alte
kind auf den mutterarmen. und wie ihre blicke
aneinander vorübergehen. feuchtes licht liegt
im sand. in der nähe des dorfes wurde ein wolf
gesehen. lämmer haben geblutet. über kreuz
hängen die äste des toten baumes. darüber steht
für momente ein milan in der luft. das kranichpaar
ruft den augenraum hell. ich geh an den wänden
entlang bis zur tür. sie kommt mir vor, als hätte ich
sie gerade geschlossen. dahinter seh ich das kind,
wie es die mutter mit den händen im gesicht trägt.

geburt

der holzfelsen bröckelt. gelb wühlt
der sand des weges das licht auf.
himmel schickt seine blauen täler
in die waldmulden. schneekörner
samen sich im eichenlaub aus. ich reite
auf einem esel durch die bäume und hör
einen menschlichen schrei. schatten
bekommen gewicht, saugen körper aus
dem boden. sie bewegen sich langsam.
wintervögel beginnen zu schweigen.
bald wechseln tage die kleider und tragen
ihre früchte. letzte häuser brennen
aus der dunkelheit. das kind geht durch
die tür. und spricht. das erste wort.

weiß

helle weidenleiber säumen den sandweg.
gefrorene lufttücher hüllen die windkörper.
äste und zweige wüten gegen das licht.
seine häute liegen am boden. wildgänse
ziehen laute fäden aus den wolken. flug
geräusche krümmen sich im gras. feldstaub
sammelt sich im augenwinkel. kaltes glas
schwimmt auf dem weiher, bricht die ersten
knospen. der stall ging an seiner stille zu
grunde. tierschreie ziehen sich durch
die kalkwände. restblut ist am federkleid
verkrustet. ein kranich liegt im stoppelbrand,
mit gespreiztem schnabel. im weißen laub
stochert die amsel. wer jetzt kein haus hat,
stirbt.

schwanenspuren

der winter ist grün. kraniche fressen die junge saat.
im kahlen strauch hängen schwanenschneefedern.
der wald faucht in die stille. zwischen uns
ist das eis gebrochen. das stroh fault im regen,
hat das licht eingerollt. der schädel des fuchses
ist frei gelegt. ich seh seine augen durchs gerstenfeld
schnüren. der sandweg hebt meine schritte auf.
findlinge sind im raureif erstarrt. der boden hält
den atem an. zwei krähen tänzeln auf dem sing
schwanenleib. fluggeräusche der wildgänse liegen
im winterrapsfeld. morgen wechselt das jahr und ich
geh meinen schatten nach, die dann wieder zum vorschein
kommen, als hätte es sie so noch nicht gegeben.

resümee

felder sind winterreif. bäume öffnen den blick.
gräber werden jetzt tiefer gelegt. die körper
berühren sich nicht mehr. bald werden worte
folgen. die zeit schüttet steine aus den uhren.
sie wird schwer, schleppt sich von tag zu tag.
ihr fehlen die augen. braun liegen die wiesen.
nur die birken tragen noch ihre grüne haut.
im stall hinter dem weiher lebt die vergangenheit.
ein schwanenpaar verharrt daneben, solange ich
sehen kann. jeden tag höre ich die nachrichten im radio,
jede stunde. es gibt viele pilze in diesem herbst,
fast zu viele. mit den jahren gehe ich langsamer ein.
manchmal träume ich, dass ich wach bin. dann
baue ich häuser, die auf eisernen beinen stehen.
ich hab eine frau, eine tochter und bin großvater.
das ist alles. ach, mehr als die hälfte meines
lebens schreib ich gedichte, aber was heißt das schon.

im 60sten jahr

der sommer ist noch jung. kälber sind in mutternähe.
verbrannt die wiesen und das korn nicht ausgereift.
und jeden tag sterben die worte überm fluss, weil sie
das wasser nicht mehr trägt. der mais braucht regen.
füchse bellen, wenn es abend wird. und immer dieser
tierschrei, wenn der atem bricht. spuren löschen sich
im trocknen sand. ausgeblutet ist der mohn. doch wenn
das licht sein grelles band ausrollt, singen die schmetterlinge.
die schnellen augen sehen nicht den baum, der spricht.
jahre liegen zwischen seinen sätzen. ich hab das haus verlassen,
offen steht die tür, ich geh ans ufer, hole wasser, gieße es
ins boot und warte, bis es schwimmt. es ist ein langer weg,
doch ich hab zeit. ich bin am ende meiner jugend. ein mann
kommt mir entgegen, hat einen mops an seiner leine,
der auch auf seinem unterarm erscheint. wir grüßen
freundlich, glücklich sieht er aus. oh gott, dass bloß
dem hund kein missgeschick geschieht.

tür aus

so schön ist es, dass ich nicht sterbe. wenn ich
die augen offen halte und weit genug schließe.
das leben ist schön. immer höre ich es
in einem anderen licht. dann ist das lied gesungen
und beginnt noch einmal. der boden ist beschattet
von blinden flecken. das land ist flach, sodass ich
über mich hinwegsehen kann. es gibt keinen spiegel
und keinen abgrund. die stimme singt noch
heller als zuvor. auf dem rückweg komme ich
mir entgegen und frage mich, wo ich gewesen bin.
nun ist es ein chor, der mein schweigen in worte
bringt. die tür liegt auf der kehrseite der augen.
es muss kalt in den zimmern sein. fenster stehen
offen. am ende der blicke wohnt ein haus,
weitet die hellen felder, über die ich mit aus
gebreiteten armen laufe und dabei immer tiefer
in den schnee sinke. eine stimme singt,
der himmel ist weiß. blaues licht hat sich
durch zweige gefressen, hängt an ihnen herunter.

Inhalt

Andreas Altmann
Weg zwischen
wechselnden Feldern
Gedichte
Hardcover, 88 S., 18,80 €
ISBN 978-3-940691-92-7
poetenladen Verlag

»Andreas Altmanns Texte scheuen sich nicht, Tod, Endlichkeit und Zerstörung durch Gewalt und Krieg in den Blick zu nehmen. Die Dichte starker, neuartiger Bilder in diesem Band ist faszinierend.« *Signaturen*

Andreas Altmanns Gedichtband *Weg zwischen wechselnden Feldern* lebt von der eindrücklichen Fülle poetischer Klänge und einer zwischen Magie und Melancholie schwebenden Bildhaftigkeit. Selten hat der 1963 geborene Lyriker die Elemente seiner Dichtung in eine prägnantere Struktur überführt. Es ist ein Plateau aus Feldern entstanden, die in wechselseitiger Beziehung zueinander stehen. Sie reichen von Wetterfeldern über Geisterfelder bis zu Marienfeldern und bilden die thematische Topographie des Bandes.